AF494567

19 mai 1862

(C.+ C.3)

V

CATALOGUE
D'ESTAMPES

ANCIENNES & MODERNES

ÉCOLES ÉTRANGÈRES

ÉCOLE FRANÇAISE

PORTRAITS

Provenant du Cabinet de M. B.

DONT LA VENTE AURA LIEU

HOTEL DES COMMISSAIRES-PRISEURS

Rue Drouot, n° 5

SALLE N° 3, AU 1er ÉTAGE

Le Lundi 19 Mai 1862 & jours suivants

A UNE HEURE

Par le ministère de Me **DELBERGUE-CORMONT**, Commre-Priseur,
rue de Provence, 8,
Assisté de M. **LE BLANC**, expert, rue Bonaparte, 26.
Chez lesquel se distribue le présent Catalogue.

EXPOSITION PUBLIQUE

Le Dimanche 18 Mai 1862, de 1 heure à 4 heures.

PARIS
RENOU & MAULDE
IMPRIMEURS DE LA COMPAGNIE DES COMMISSAIRES-PRISEURS
144, rue de Rivoli.

1862

M. François.

CONDITIONS DE LA VENTE

Elle sera faite au comptant.

Les Acquéreurs paieront, en sus des adjudications, CINQ pour CENT, applicables aux frais.

ORDRE DES VACATIONS

1re VACATION. — *Lundi 19 Mai*	nos	1 à 90
		581 à 610
2e VACATION. — *Mardi 20 Mai*......		91 à 175
		621 à 726
3e VACATION. — *Mercredi 21 Mai*.....		176 à 240
		727 à 860
4e VACATION. — *Jeudi 22 Mai*........		241 à 280
		861 à 942
		281 à 364
5e VACATION. — *Vendredi 23 Mai*.....		365 à 580

Il sera vendu, à la fin de la première vacation, environ soixante lots de bonnes estampes des diverses écoles.

ESTAMPES

ÉCOLES ÉTRANGÈRES

1 **Anonyme.** Les vertus théologales. 6 pièces marquées d'une tablette, etc. 8 p.

2 — Graveur au maillet de la fin du XVIe siècle. Un homme à table, en compagnie de plusieurs femmes. Pièce ronde in-4. Rare.

3 — Allemand, dans le goût de P. Breugel. Paysage, où l'on remarque un seigneur et une dame à cheval, partant pour la chasse. Pièce in-fol., curieuse pour les costumes.

4. — Graveur sur bois. Marque d'imprimeur avec la date 1521. In-8.

5 **Amiconi.** Jupiter et Calisto. Pièce rare. Belle ép.

6 — Zéphyr et Flore. Pièce rare. Belle ép.

7 **Amman** (Jobst). Les femmes de l'ancien testament. Suite de 12 p. Belles ép. (Becker, p. 182).

8 **Andrea** (Zoan). Montants d'ornements (B. 26, 29, 30). 3 p. in-fo. Rares.

9 **Baldini.** L'Enfer du Campo Santo. In-fol. en larg.

10 **Barbiere** (Domenico del). La Gloire, d'après le Rosso (B. 7). Très-belle ép.

11 **Bartolozzi.** Livre à dessiner, d'après Cipriani. Suite de 10 p.

12 **Baur** (J.-W.) Batailles diverses. Suite de 10 p. Belles ép.; avec marges.

13 **Bega** (Corn.). Sujets divers. 6 p. Belles ép.

14 **Beham** (H.-S.). Adam et Ève (B. 6). Cimon (75). Un mascaron (231). 3 p.

15 — Judith (B. 11); saint Sebald (B. 65). 2 p. Belles ép.

16 — Le porte-enseigne (B. 200). Belle ép.

17 **Bella** (Della). Un homme debout, etc. 3 p.

18 **Biscaino** (Bart.). La Sainte Famille (B. 22). Belle ép.

19 **Bloemaert** (Corneille). La S. Vierge, l'Enfant Jésus, S. Roch et S. Sébastien, d'après le Baroche. In-fol. Superbe ép.

20 **Bol** (Ferdinand) Saint Jérôme (B. 3). Belle ép.

21 — Vieillard à barbe frisée (B. 9), etc. 3 p.

22 **Bolswert** (S. à). La Sainte Famille, d'après Rubens. Très-belle ép. avec l'adresse de Gillis Hendricx.

23 — Petits paysages, d'après Rubens, nº 1. Très-belle ép. avec l'adresse de Gillis Hendricx.

24 — Nº 2. Très-belle ép. avec l'adresse de Gillis Hendricx.

25 — Nº 4. Très-belle ép. avec l'adresse de Gillis Hendricx.

26 — Nº 9. Très-belle ép. avec l'adresse de Gillis Hendricx.

27 — Nº 11. Très-belle ép. avec l'adresse de Gillis Hendricx.

28 — Nº 13. Très-belle ép. avec l'adresse de Gillis Hendricx.

29 — Nº 14. Très-belle ép. avec l'adresse de Gillis Hendricx.

30 — N° 15. Belle ép. avec l'adresse de Gillis Hendricx.

31 — N° 17. Très-belle ép. avec l'adresse de Gillis Hendricx.

32 — N° 18. Très-belle ép. avec l'adresse de Gillis Hendricx.

33 — Le Concert, d'après Jacques Jordaens. Rare et belle ép. avant le n° 10 dans la marge, à droite.

34 **Borgiani** (Horace). Le Christ mort. In-fol. Belle pièce, non citée par Bartsch.

35 **Bresse** (Jean-Antoine de). Hercule et Anthée (B. 13).

36 **Bry** (Théodore de). Le triomphe du Christ et un sujet de l'histoire d'Abraham. 2 p. en forme de frises.

37 **Burani** (Francesco). Silène. In-fol. en larg.

38 **Byrne** (William). Sujets tirés du roman Joseph Andrews, d'après Hearne. 2 p.

39 **Cagliari** (d'après Paul), dit Paul Véronèse. Les Noces de Cana, grav. par Noël Cochin. In-fol. Pièce rare. Très-belle ép.

40 **Canale** (Joseph). Saint Pierre et Saint Paul. 2 p. in-fol. en pendants. Belles ép.

41 **Cantarini** (Simone). Le repos en Egypte (B. 5). L'enlèvement d'Europe (B. 30). 2 p.

42 **Caraglio** (Jacques). La Pentecôte, d'après Raphaël (B. 6). In-fol.

43 — Les divinités de la Fable (B. 24 à 43). Suite de 20 p.

44 **Carpi** (Hugo da). La Vierge, S. Sébastien et un S. Evêque, d'après le Baroche (B. t. XII, p. 66). Clair-obscur. Très-belle ép.

45 **Carrache** (Ann.) L'Adoration des bergers (B. 2). Le Couronnement d'épines (B. 3). Le Christ de Caprarole (B. 4). La Vierge à l'hirondelle (B. 8). 4 p.

46 — La Madeleine pénitente (B. 16). Ep. avant l'adresse de Stefanoni.

47 **Carrache** (Augustin). Sujets de sainteté et autres. 8 p.

48 **Castiglione** (Benedetto). L'Ange éveillant S. Joseph (B. 10).

49 **Claessens** (L.-A.). Hérodiade, d'après Rembrandt. Rare et belle ép. avant la lettre.

50 **Cock** (H.). J.-C. tenté par le démon. Gr. in-fol. en larg. Pièce rare. Belle ép.

51 **Durer** (Albert). Jésus-Christ au jardin des Oliviers (B. 19). Belle ép.

52 — L'Enfant prodigue (B. 28). Belle ép.

53 — La Vierge à la couronne d'étoiles et au sceptre (B. 32).

54 — La Vierge allaitant l'Enfant Jésus (B. 34).

55 — La Vierge assise, embrassant l'Enfant Jésus (B. 35).

56 — La Vierge couronnée par deux anges (B. 39).

57 — La Sainte Famille au papillon (B. 44).

58 — Saint Christophe à la tête retournée (B. 51).

59 — Saint George à cheval (B. 54).

60 — Sainte Geneviève (B. 63).

61 — Les trois génies (B. 66).

62 — La sorcière (B. 67).

63 — L'effet de la jalousie (B. 73).

64 — L'oisiveté (B. 76).

65 — Le petit courrier (B. 80).

66 — La dame à cheval (B. 82).

67 — Les offres d'amour (B. 93).

68 — Le cheval de la mort (B. 98). Copie A. — Frédéric, électeur de Saxe (B. 104). Copie en contre-partie. 2 pièces.

69 **Ecole anglaise**. Sujets et vignettes d'après Joshua Reynolds, et autres. 7 pièces.

70 **Elsheimer** (Adam). Le jeune Tobie conduisant son père aveugle, dans un paysage. In-8 en larg. Pièce très-rare. Collection Grunling.

71 **Falck** (Jérémie). La vieille courtisane à sa toilette, d'ap. Jean Lys. Rare et belle épreuve avant la lettre.

72 — Les forges de Vulcain, d'ap. Michel-Ange de Caravage. Belle ép.

73 — Soldat polonois de la garde du roy. — Spali ou cavalier de la bannière iaune. 2 p. in-fol. en haut. *Le Blond excud.* Très-rares et très-belles, avec marge.

74 **Fantuzzi** (Antoine). Bataille, d'ap. Jules Romain (B. t. XVI, p. 415, n° 98). Gr. in-fol. en larg. Pièce rare. Belle ép.

75 **Franco** (Battista). Le déluge. 1er état, avant le nom de Franco. Sup. ép.

76 **Fyt** (Jean). Les deux levriers accouplés (B. 5). 1er état, avec le nom de Fyt. Belle ép.

77 **Ghisi** (Georges). Mars et Vénus, d'ap. Perin del Vague (B. 35), etc. 3 p.

78 **Gimignani** (Jacinto). Jeux d'enfants (B. 8 à 19). Suite de 12 p.

79 **Glockenton** (A.). La descente aux limbes (B. 12).

80 **Gole** (J.). La leçon de musique, d'ap. **Metzu**. In-fol. Belle ép.

81 **Goltzius** (Henri). Un officier de guerre, tenant un drapeau de la main gauche (B. 218). Sup. ép.

82 **Goudt** (le comte de). Cérès, d'ap. Adam Elsheimer. Très-belle ép.

83 **Goya** (Francisco). Felipe III, rey de Espana. Gr. in-fol. Belle ép.

84 — Felipe IV, rey de Espana. Gr. in-fol. Belle ép.

85 — D. Isabel de Borbon, reyna de Espana. Gr. in-fol. Belle ép.

86 **Hoefnagel** (Jacob). Insectes, fruits et fleurs, d'ap. son père, George Hoefnagel. 51 p. Belles ép.

87 **Hollar** (W.). Saint Antoine, d'ap. A. Brouwer. In-fol. Belle ép.

88 **Hopwood**. Boileau, Bl. Pascal, Shakspeare. Trois portraits. Belles ép.

89 **Jaennichen** (Michel). Titre d'un livre d'ornements d'orfèvrerie. In-8. Rare.

90 **Jegher** (Christoffel). Silène ivre, d'ap. Rubens (Basan, 67). Pièce rare. Belle ép.

91 **Kauffmann** (Angelica). Son œuvre, composé de 20 pièces. Belles ép. Plusieurs sont d'eau-forte pure et avant l'adresse de Boydell.

92 **Kimli** (d'ap.). L'espoir du retour, gravé par P.-A. Tardieu. Très-belle ép., avec marge.

93 **Kip** (Jean). Vue du côté sud de l'église de Saint-Pierre, à Yorck. Gr. in-fol. Pièce rare.

94 **Klauber** (J.-S.). Petit écolier de Harlem, d'ap. Corn Poelemburg. Rare ép., avant la dédicace, avec marge.

95 **Krug** (Lucas). La Nativité (B. 1). Belle ép.

96 **Laar** (P. de). Chevaux. 4 p.

97 **Léonardis** (Giac.). Un marché aux bestiaux, et des mendiants groupés à la porte d'un couvent. 2 p. d'ap. Gius. Crespi. Belles ép.

98 **Leyde** (Lucas de). Caïn tuant Abel (B. 13).

99 — Loth enivré par ses deux filles (B. 16).

100 — Sujets de l'histoire de Joseph (B. 19, 21, 22, 23). 4 p.

101 — David jouant de la harpe devant Saül (B. 27).

102 — Salomon adorant les idoles (B. 30).

103 — Esther devant Assuérus. (B. 31).

104 — La résurrection de Lazare (B. 42).

105 — Le Calvaire (B. 74). Deuxième état. Belle ép.

106 — Le retour de l'Enfant prodigue (B. 78).

107 — La Vierge debout sur un croissant, dans une niche (B. 81).

108 — Saint Paul (B. 88).

109 — Saint Sébastien (B. 115).

110 — Saint Dominique (B. 118).

111 — Sainte Madeleine (B. 124).

112 — Le moine Serguis tué par Mahomet (B. 126).

113 — Le chirurgien (B. 156).

114 — La laitière (B. 158).

115 — Tête d'un guerrier (B. 160).

116 — Les enfans guerriers (B. 165).

117 — Deux ronds (B. 170).

118 — **Livens** (Jean). Différents bustes (B. 35, 38, 41, 46, 49), etc. 6 p.

119 **Lolli** (Laurent). Saint Jérôme (B. 14). La Renommée (B. 31). Une Sybille. 3 p.

120 **Mair.** Une maison d'architecture gothique (B., p. 370). Belle ép.

121 Maître au monogramme **H. O.** (B., t. IX, p. 237). Vignette d'ornements (B. 2). Belle ép. Rare.

122 **Mantegna** (Andrea). La Descente de croix (B. 4).

123 **Mattioli** (Lod.). Saint Jérôme (B. 33). Sup. ép.

124 **Maulbersch** (A.). Le Christ et le centurion. Pièce rare.

125 — Jésus-Christ donnant la communion aux fidèles. Pièce rare. Belle ép.

126 **Mazzuoli** (Franc.) dit le Parmesan. Judith (B. 1). — La Nativité (B. 3), etc. 9 p.

127 **Mercati** (G.-B.). Le baptême de Notre-Seigneur (B. 1). Belle ép.

128 — Saint Antoine de Padoue (B. 6). Belle ép.

129 **Mettenleiter** (Jean-Michel). Son œuvre, composé de 13 dessins et de 513 vignettes dans le goût de Chodowiecki. En tout, 516 p.

130 **Meyering** (Albert). Paysages divers, en hauteur. 10 p. Belles ép.

131 **Moro** (Marco del). La Sainte Famille. Gr. in-fol. en hauteur. Pièce non citée.

132 **Noordt** (Jean van). Paysage italien. In-fol. en larg.

133 **Nothnagel** (J.-A.-B.). Le fumeur, 1772, et un autre sujet. 2 p. Belles ép.

134 **Novellanus** (Simon). Sujets de l'histoire de Tobie. 7 p. Belles ép.

135 **Novelli** (Francesco). La chasse au sanglier, d'ap. Fr. Snyders. In-fol. en larg. Très-belle ép.

136 **Onofrio** (Crescenzio de). Les maisons en avant de la montagne (B. 4). Très-belle ép.

137 — La belle rivière (B. 7). Très-belle ép.

138 **Os** (P.-G. Van). Vache couchée dans un paysage. Très-belle ép.

139 **Ostade** (Adrien van). Paysan avec une petite toque noire (B. 1). — Paysan avec un bonnet pointu (B. 3). Belle ép. 2 p.

140 — Les harangueurs (B. 19). Belle ép.

141 — Le charcutier (B. 41).

142 **Panneels** (Guill.). Apollon et Daphné, d'ap. Rubens. Très-belle ép.

143 **Pass** (Crispin de). La Religion chrétienne triomphant de la Mort. In-fol. Très-belle ép.

144 — Sainte Marie-Madeleine, d'ap. Geldorp. Très-belle ép.

145 **Pencz** (George). L'Ange sauvant Tobie (B. 17). Très-belle ép.

146 — Le bon Samaritain (B. 68). Très-belle ép.

147 — Le toucher (B. 109).

148 — Le triomphe de la chasteté (B. 118). Très-belle ép.

149 **Perugini**. Jésus-Christ remettant à saint Pierre les clefs de l'église. Fac-simile d'ap. un dessin de Raphaël, au Musée du Louvre.

150 **Podesta** (Gioandrea). Les Amours rassemblés autour de la statue de Vénus, d'ap. le Titien (B. 8). 1er état, avant l'adresse de Gio. Giacomo Rossià la suite de celle de Joseph de Rubeis. Très-belle ép.

151 **Porporati.** Vénus et l'Amour, d'ap. Pompeo Battoni. In-fol. Ép. avant la lettre.

152 **Raimondi** (M.-A.). Les Cavaliers romains (B. 188 à 191). La Prudence (B. 371). La petite Peste (B. 417). 6 pièces.

153 — Une Muse (B. 273). Pièce rare.

154 — La Femme aux deux éponges (B. 373). Copie A. Belle ép.

155 — Sujets religieux et autres. 9 pièces.

156 — et son École. Sujets divers. 18 pièces.

157 **Rembrandt.** Portrait de Rembrandt (B. 17).

158 — Rembrandt dessinant (B. 22).

159 — Agar renvoyée par Abraham (B. 30). Pièce rare.

160 — Joseph racontant ses songes (B. 37). Ancienne épreuve.

161 — Joseph et la femme de Putiphar (B. 39). Belle ép. avant la retouche.

162 — Le Triomphe de Mardochée (B. 40).

163 — L'Annonciation aux bergers (B. 44). Ancienne et belle ép.

164 — L'Adoration des bergers. (B. 46).

165 — La Présentation au temple (B. 51).

166 — J.-C. au milieu des docteurs (B. 64).

167 — Le Denier de César (B. 68). J.-C. chassant les vendeurs du temple (B. 69). 2 pièces.

168 — La Résurrection de Lazare (B. 72).

169 — J.-C. en croix entre les deux larrons (B. 79). Belle ép.

170 — J.-C. en croix (B. 80).

171 — Le Retour de l'enfant prodigue (B. 91).

172 — La Descente de croix (B. 83). Ancienne et belle ép.

173 — L'Enfant prodigue (B. 91). Ancienne et belle ép.

174 — Le Martyre de saint Étienne (B. 97). Très-belle épreuve.

175 — Le Baptême de l'eunuque (B. 98).

176 — Le Martyre de saint Étienne (B. 97). Le Baptême de l'eunuque (B. 98). Saint Jérôme (B. 105). Le Maître d'école (B. 123). Le Dessinateur (B. 130). 5 pièces.

177 — La Mort de la Vierge (B. 99). Belle ép.

178 — Saint Jérôme (B. 100).

179 — Chasse aux lions (B. 115). Belle ép. de la collection Debois.

180 — Chasse aux lions (B. 116). Belle ép.

181 — Trois Figures orientales (B. 158). Ancienne et belle ép.

182 — Le Petit orfèvre (B. 123). Très-belle ép.

183 — La Faiseuse de kouks (B. 124). Belle ép.

184 — La Synagogue des juifs (B. 126). Belle ép.

185 — Le Maître d'école (B. 128).

186 — Vieillard vu par le dos (B. 143).

187 — Le Persan (B. 152).

188 — Gueux et Gueuse (B. 164).

189 — Vieille Mendiante (B. 170).

190 — Le Dessinateur d'après le modèle (B. 192).

191 — Femme nue, les pieds dans l'eau (B. 200). Belle ép.

192 — Le Paysage à la vache (B. 206).

193 — La Chaumière au grand arbre (B. 226). Belle épreuve.

194 — Homme sous une treille (B. 257).

195 — Vieillard portant la main à son bonnet (B. 259). 1er état.

196 — Vieillard à barbe carrée (B. 265).

197 — Menassé Ben Israël (B. 269). Belle ép.

198 — Abraham France (B. 273).

199 — Le jeune Haaring (B. 275).

200 — Jean Lutma (B. 276). Ancienne ép.

201 — Jean Asselin (B. 277).

202 — Uytenbogaerd (B. 281). Copie du capitaine Baillie. Belle ép. sur papier du Japon.

203 — Vieillard à grande barbe (B. 290).

204 — Homme à bouche de travers (B. 305). Ancienne ép.

205 — La Liseuse (B. 345). Belle ép.

206 — Buste de la Mère de Rembrandt (B. 349). Buste de jeune Homme. 2 pièces.

207 — Études de six têtes (B. 365).

208 **Reni** (Guido). L'Amour de l'étude (B. 16).

209 **Reni** (d'ap. Guido). La Mort de Cléopâtre, grav. par Rob. Strange. In-fol. Très-belle ép.

210 **Ribeira** (Giuseppe). Saint Jérôme (B. 4). Très-belle ép.

211 — Le Martyre de saint Barthélemy (B. 6). Belle ép.

212 — Saint Pierre (B. 7). Belle ép.

213 — Silène (B. 13).

214 **Robetta.** L'Adoration des mages (B. 6). Pièce rare. Belle ép.

215 **Robinson.** Nature morte. In-fol. Belle ép.

216 **Rosaspina** (F.). Sainte Madeleine, d'ap. J. Zampa. In-4. Belle ép.

217 **Rotari** (P.). Saint Louis de Toulouse faisant l'aumône. In-fol. Belle ép.

218 **Rubens** (d'ap.). La Sainte-Vierge et l'Enfant Jésus dans une niche architecturale, la Fuite en Égypte et le Triomphe de Bacchus. 3 pièces grav. par Corn. Galle et autres.

219 — Peintures de l'église des jésuites, à Anvers, grav. par J. Punt. 11 pièces.

220 — Jésus-Christ au tombeau, grav. par Nic. Ryckemans. In-fol. Belle estampe. Rare.

221 **Saenredam** (Jean). David victorieux, d'ap. Lucas de Leyde. In-fol. Superbe ép. avec la signature de P. Mariette, 1651.

222 **Saftleven** (Herman). La Femme trayant la vache (B 23).

223 **Sart** (Corneille du). Les deux Chanteurs (B. 3).

224 — Le Violon assis (B. 15). Superbe ép. avec la manière noire très-apparente.

225 — Le Cordonnier renommé (B. 14). Belle ép.

226 **Schidone** (Barthélemy). La Sainte Famille (B. 1). Seule pièce gravée par le maître.

227 **Schmidt** (G. F.). Le prince de Gueldre menaçant son père, d'ap. Rembrandt (Jacobi, 137). Belle ép.

228 **Schongauer** (Martin). L'Adoration des rois (B. 6).

229 — Jésus-Christ au jardin des Oliviers. La Prise de Jésus-Christ. 2 sujets ronds dont les planches sont conservées à Bâle.

230 **Sichem** (Cornelis Van). Le Bain, d'ap. Aldegrave. In-fol. Belle ép.

231 — Modèle de traîneau. In-4. Curieuse pièce.

232 **Stagnon** (M.-A.). Le Bal, d'ap. R. Brakenburg. In-fol. Très-belle ép.

233 **Strange** (Robert). Le Retour du marché, d'ap. Ph. Wouverman. Très-jolie pièce. Belle ép.

234 **Suyderhoef** (Jonas). Bacchanale (Basan 54.) Pièce rare. Belle épreuve.

235 **Swanevelt** (Herman). Les Chameaux (B. 26). Les Chèvres d'Angora (B. 31). 2 pièces. Belles ép. avant l'adresse d'Audran.

236 **Teniers** (David). Intérieurs avec des fumeurs. 2 pièces gravées par lui-même.

237 **Thiele** (A.). Paysages. 3 pièces. Belles ép.

238 **Tiepolo** (Domenico). Buste d'homme, etc. 3 pièces.

239 **Toussin** (Jean). La Fuite en Égypte, 1632. In-8 en larg. Pièce très-rare. Tachée.

240 **Trautmann** (J.-G.). Buste d'homme coiffé d'un turban. In-4. Pièce rare.

241 **Trente** (Antoine de). Les Honneurs rendus à Psyché, d'ap. Salviati. Clair-obscur, 1er état, avant le monogramme d'Andreani. Très-belle ép.

242 **Uliet** (J. George van). Les Métiers, etc. 16 pièces.

243 **Umbach** (Jonas). Le roi David. Deux Chasseurs. 2 pièces in-4. Belles ép.

244 — Sujets divers grav. à l'eau-forte. 15 p.

245 **Uytembrouck** (Moïse). Bethsabée (B. 12). Ép. avant le nom de l'artiste. Rare.

246 **Vaillant** (W.). Buste de vieille. In-fol. Très-belle ép.

247 **Velde** (Adrien van). Le Bœuf dans l'eau (B. 6). Ancienne ép.

248 **Verkolie** (Nicolas). Femme tenant un bougeoir, d'ap. G. Schalcken. In-fol. Très-belle ép.

249 **Verkolye** (J.). Un Homme et une Femme, à mi-corps, à une fenêtre, d'ap. Ochtervelt. In-fol. Très-belle pièce à la manière noire.

250 **Vico** (Enea). Lucrèce, d'ap. Raphaël (B. 16). In-fol. Belle ép.

251 — Errard, Charmeton. Vases. 18 pièces.

252 **Visscher** (Corn.). La bohémienne (Smith, n° 37). Belle épreuve.

253 — Les buveurs (Smith, 43). Belle épreuve.

254 — Buste de femme, d'après le Parmesan. Très-belle épreuve.

255 **Vlieger** (Simon de). La forêt claire (B. 3). Pièce rare.

256 — La montagne verte (B. 7). Belle épreuve.

257 **Vorsterman** (Lucas). La Sainte Famille, d'après Rubens, 1620. In-fol. Belle épreuve.

258 **Waterlo** (Antoine). La femme sur le petit pont de bois (B. 34). Ancienne et belle épreuve.

259 — Les deux garçons et leur chien au bord de l'eau (B. 36). Ancienne et belle épreuve.

260 — Les deux ermites (B. 47). Ancienne et belle épreuve.

261 — L'ânier (B. 48). Ancienne et belle épreuve.

262 — La rivière avec les bords de rochers (B. 50). Ancienne et belle épreuve.

263 — Le pont de planches (B. 52). Ancienne et belle épreuve.

264 — Le portefaix (B. 65). Ancienne et très-belle épreuve.

265 — Le chemin près du grand chêne (B. 66). Ancienne et très-belle épreuve, avant la retouche.

266 — La laitière (B. 70). Ancienne et très-belle épreuve.

267 — La double cascade (B. 71). Ancienne épreuve.

268 — Le pays désert, couvert de rochers (B. 74). Ancienne et belle épreuve.

269 — Les deux chemins au ruisseau (B. 89). Ancienne et belle épreuve.

270 — Le village sur la colline (B. 92). Ancienne et belle épreuve.

271 — Vénus et Adonis (B. 129). Très-belle ép.

272 **Wenceslas d'Olmutz**. S. Sébastien (B. 30).

273 **Wilborn** (Nicolas). Le sacrifice à Priape. Copie du maître au caducé In-4. Pièce rare.

274 — La Victoire et la Renommée (B. 2). Le cheval ailé (B 5). 2 pièces, d'après le maître, au caducée. Rares.

275 **Willmann** (Michel). Buste de vieillard. In-8. Pièce rare. Belle ép.

276 — Un vieillard endormi sur sa chaise. Belle ép.

277 **Wyck** (Thomas). Les joueurs (B. 2). La couseuse (B. 3). 2 pièces.

278 — La forge (B. 9). La fileuse près du pêcheur (B. 18). 2 pièces.

279 **Zagel** (Martin). S. Sébastien (B. 4).

280 **Zuccarelli** (Franc.). La charité, d'après Jean de S. Jean. In-fol.

ÉCOLE FRANÇAISE

281 **Anonyme**. Plan de l'abbaye de Saint-Ouen de Rouen. In-fol.

282 — École française, XVIIIe siècle. Des religieuses servies à table par l'Amour. Jolie pièce in-fol., gravée à l'aquatinte.

283 — Le repas des gardes-du-corps, à Versailles, le 3 oct. 1789. In-fol. en larg. Pièce curieuse et rare, coloriée du temps.

284 — Les formes acerbes, satyre violente contre Marat. Gr. in-fol. en larg. Belle ép. Rare.

285 **Allou** (Adélaïde). Paysage, d'après H. Robert. Très-belle ép.

286 **Amand** (Jacques-François). Femme donnant à manger à un enfant. In-4. Premier état avant le numéro. Belle ép. avec marge.

287 **Androuet du Cerceau**. Un puits; un tombeau. 2 pièces in-fol. Belles ép.

288 **Audran** (Gérard). Un centaure enlevant une nymphe, d'après Jules Romain; et une étude, d'après Lebrun. 2 pièces.

289 — Quatre sujets pour un poëme, d'après le Bourguignon et Romanelli. 4 pièces. Belles ép. avant la lettre.

290 **Aveline**. Vues de Paris. 4 pièces. Belles ép.

291 — Vues de Saint-Cloud et Saint-Cyr. 4 pièces.

292 **Bailly** (N.). Paysage. In-4 en larg.

293 **Balechou**. Sainte Geneviève, d'après Carle Vanloo. Ép. avant les tailles sur la lettre et avant le jupon terminé.

294 **Bar** (D.). Paysage, gravé à l'aquatinte. In-fol. en larg. Belle ép.

295 **Basan**. L'Amour et l'Amitié, d'après L. Vassé. In-fol. Belle ép.

296 **Baudouin** (d'après). Le coucher et le lever de la mariée, gravé par W. Reynolds. 2 pièces in-fol. à la manière noire. Ép. avant la lettre.

297 — La soirée des Thuileries. Grav. par Simonet. In-fol.

298 — L'enlèvement nocturne. Grav. par Nic. Ponce. In-fol. Belle.

299 — Le soir. Grav. par E. de Ghendt. Le matin. Ép. avant la lettre. 2 pièces.

300 **Beauvais**. Trois suites de vases, 1760. 19 p.

301 **Bellange** (Jacques). La décollation de saint Jean-Baptiste, d'après G. Lalleman (R. D. 14). Belle ép.

302 — Diane et Orion (R. D. 36). Pièce capitale. Premier état avant l'adresse de Leblond. Très-belle épreuve.

303 — La femme assise près d'un trophée (R. D. 37). Pièce rare. Belle ép.

304 **Berthault**. Paysages à l'eau-forte. 4 p., ép. d'artiste.

305 **Bizemont-Prunelé** (de), amateur. Paysage, d'après Cassas. Très-belle ép. Rare.

306 **Bligny**, éditeur. Cérémonie du sacre de Louis XV. Gr. in-fol. en larg.

307 **Blin** (F.). Le berger (5). In-4 en larg. Pièce rare. Belle ép.

308 **Blondel** (F.). Intérieur d'un monument dans lequel sont groupées de nombreuses figures. Gr. in-fol. en hauteur. Pièce rare, en manière noire, signée : *F. Blondel invenit fecit 1765.*

309 **Boissieu** (de). Vue du pont Lucano, sur la route de Rome. Superbe ép. avant l'astérique, après le nom du maître.

310 — Vue du sèpulcre de Cecilia Metella, à Capo di Bove. Premier état, avec les salissures sur la marge et avec les armes. Rare et sup. ép., avec marge.

311 — Le maréchal-ferrant. Premier état, avant l'adresse de Frauenholtz. Très-belle ép.

312 — Vue de l'île Barbe. Très-belle ép., avant l'adresse de Frauenholtz.

313 — Pavillon des ci-devant Carmes déchaussés de Lyon. Premier état, avant la lettre. Très-belle ép.

314 — Vue d'un vieux château délabré où est un cabaret, 1807. In-fol. Premier état, avant la lettre et l'adresse de Frauenholtz. Très-belle ép.

315 — Étude de treize têtes (Rigal, nº 106). Très-belle ép., tirée avant que la morsure de l'étau ait été effacée. Paysage, d'après Claude Lorrain. 2 pièces.

316 **Bonnart** (N.), éditeur. Polichinelle, Arlequin, Scaramouche et autres comédiens. 8 pièces in-4. Rares et belles.

317 — Costumes et autres sujets. 39 pièces.

318 **Bonnet**. La danse et la musique 2 jolies petites pièces en couleur.

319 **Borel** (d'après). Le charlatan. Grav. par F.-Aug. Léveillé. Pièce en couleur. Superbe ép., avec marge.

320 — La bascule. Grav. par F.-Aug. Léveillé. Pièce en couleur. Superbe ép., avec marge.

321 — L'innocence en danger. Grav. par F. Huot. Très-belle ép., avec marge.

322 **Borel** père. Hyder Ali corrigeant les Anglois, un soldat françois lui présente les verges. In-fol., grav. à la man. du lavis.

323 **Bosse** (Abraham). La joie de la France. Pièce rare. Belle ép.

324 — Le branle (773). Belle ép., avec l'adresse de Le Blond.

325 — Cheminées. 4 pièces. Belles ép.

326 **Boucher** (d'après). Apollon et Daphné. Grav. par Floding. In-fol., ép. avant la lettre.

327 — Sylvie délivrée par Armide Grav. par R. Gaillard. Gr. in-fol. Belle ép.

328 — Deux Amours jouant avec des oiseaux. In-4. *A Paris, chez Odieuve*. Belle ép.

329 — Le tribut de la reconnaissance. Gravé par I.-H. Eberts. In-fol. Très-jolie pièce.

330 — Le départ et le retour du courrier. Grav. par Beauvarlet. 2 pièces. Sup. ép., avant la lettre.

331 — Le berger récompensé. Grav. par R. Gaillard. Très-belle ép.

332 — Paysage. Grav. par W. Ryland. Pièce rare. Très-belle ép.

333 — Sujets divers. Gravés par Huquier, Lebas et autres. 8 pièces. Très-belles ép.

334 **Bourdon** (d'apr. Seb.). La Vierge, l'Enfant Jésus et s. Jean. Grav. par Natalis. Premier état, avant la draperie sur le sein de la Vierge. Superbe ép.

335 **Boyvin** (René). La brouette de Bacchus. In-fol. en larg. Pièce curieuse et rare, non décrite, avec l'adresse de Paul de la Houve et la date 1601.

336 **Braquemond.** Un cheval à l'attache, d'après Eug. Delacroix. Ép. avant la lettre.

337 **Brebiette.** Sujets divers. 21 pièces.

338 **Callot** (Jacques). Les fantaisies (M. 268-281). 11 p. seulement. La carrière de Nancy. Premier état, etc., 13 pièces.

339 — Le parterre du jardin de Nancy. Très-belle ép., avant l'adresse d'Israël.

340 **Campion.** Ancien pont sur le rivage de la Seine. In-fol. Très-belle épreuve.

341 **Caraffe.** Le remords, ou le criminel vis à vis de lui-même. In-fol.

342 **Caresme** (Ph.). Le refus inutile, gravé par F. F li-part. Très-belle ép.

343 **Casanova.** Le drapeau (de B. 3). Belle ép.

344 — Choc de cavalerie (de B. 4). Belle ép.

345 **Caumont** (Severes de). La Sainte Famille. Pièce rare. Belle ép.

346 — Sujet mythologique, d'après Séb. Conca. In-fol. Belle épreuve imprimée sur papier bleu.

347 **Challe** (M.-A.). Figure drapée, grav. à la man. du crayon. Très-belle ép.

348 **Chardin** (d'après). Le négligé, ou la toilette du matin, grav. par Lebas. Belle ép.

349 **Chasteau** (Nicolas). J.-C. guérissant deux aveugles sur le chemin de Jéricho, d'après Nic. Poussin. In-fol. Premier état, avant la lettre.

350 **Chataigner** et autres. Portraits et vignettes. 18 pièces, la plupart épreuves d'artiste et avant la lettre.

351 **Chedel**. Paysage, d'après Pierre. In-fol., belle épreuve.

352 **Chereau**, éditeur. Manon, vite ouvre-moi ta cage... Petit sujet en larg. Belle ép. avec marge.

353 **Cochin** l'ancien. Moïse brisant les Tables de la Loi. In-fol. en larg. Belle ép.

354 **Cochin** (Ch.-Nic.). Frontispice de l'office de la semaine sainte, d'après Nic. Vleughels. Belle ép.

355 **Corneille** (Michel-Ange). Notre-Dame-des-Anges (R. D. 24). Très-belle ép.

356 **Court** (De la). David et Bethsabée, d'après Laurent de la Hyre. Grand in-fol. Pièce rare. Belle ép.

357 **Courtin** (D'après Jacques). Iris et ses deux galants, grav. par J. Haussart. Très-belle ép. avec marge.

358 **Courtois** (Jean-Baptiste). Le peintre dans son atelier (R. D. 1). Belle ép. d'une pièce rare.

359 **Coypel** (Antoine). Pan vaincu par les Amours (R. D. 10). Premier état, avant la date 1692.

360 **Coypel** (D'après A.). Frontispice des amours de Daphnis et Chloée, édition de 1718. Très-belle ép. avec marge.

361 **Daumier** (Henri). Rue Transnonain, le 15 avril 1834. Pièce rare. Belle ép.

362 **Daven** (Léon). L'enlèvement d'Europe, d'après le Primatice (B. 29). Belle ép.

363 — Hercule et Omphale, d'après le Primatice (B. 50). Pièce rare. Belle épreuve.

364 — Psyché puisant de l'eau à la fontaine gardée par les dragons, d'après le Primatice (B. 46). Belle ép.

365 **David** (A. F.). L'agréable désordre, d'après Tischbein. Belle épreuve, avec marge.

366 **Dazaincourt** (B.). Un timba ier à cheval, d'après La Rue. Jolie petite pièce.

367 — Paysage, d'après D. Maas. In-fol., gravé à la manière du lavis.

368 **Debucourt**. La croisée. Très-belle ép., avec marge.

369 **Debuigne**. Allégorie en l'honneur de Mongolfier, d'après Brard. 1784. In-fol. Rare.

370 **Delarue** (L.-F.). Sujets mythologiques. Deux pièces in-fol. en larg. Très-belles ép.

371 **Delarue**. Paysage, d'après Naiwincx. Belle ép.

372 **Delaune** (Etienne). Combats et chasses. Sept sujets en forme de frises.

373 **Demarteau**. Un chien attaquant un cygne, d'après C. Dagommer. Belle épreuve.

374 **Denon** (Vivant). Les lions, d'après J. Quadal. Superbe épreuve, avec marge.

375 — Paysages. Deux pièces. Belles épreuves.

376 — Portraits d'artistes et autres. Vingt-quatre pièces. Belles épreuves.

377 **Desnoyers** (Auguste). La belle jardinière, d'après Raphaël. Très-belle épreuve ancienne.

378 **Duflos** (Claude). Sainte-Barbe. Jolie petite pièce in-8°.

379 **Dupont** (Henriquel). Une école en Turquie, d'après Decamps. Belle épreuve.

380 **Echard** (C.). Des paysans attablés à la porte d'un cabaret, et buvant. Jolie petite pièce.

381 — Portrait d'homme. 1782. In-4. Belle ép.

382 — Animaux, d'après H. Roos. Suite de six pièces. Très-belles épreuves de premier état, avant l'adresse de Basan.

383 **Ecole française**, XVIIIe siècle. Vignettes, vases et ornements. Treize pièces.

384 — Vignettes d'après Eisen, Marillier, etc. Sept pièces ; plusieurs avant la lettre.

385 — Vignettes diverses, neuf pièces. Belles ép.

386 — Six vignettes pour un almanach, *les Étrennes de l'Amour*. Pièces curieuses, avec un texte gravé.

387 **Eisen** (Charles). Saint Éloy prêchant (De B. 3). Belle ép.

388 — Bacchus triomphant retourne dans l'isle de Naxe. In-fol. en larg. Pièce non décrite par M. de Baudicour et portant l'adresse de Le Rouge.

389 **Eisen** (D'après Ch.). Les efforts inutiles, gr. par Breant, etc. Trois pièces. Belles ép.

390 — *Le Matin et le Soir*. Deux pièces in-4, en larg., grav. par de Longueil.

391 — Les premiers aveux, gr. par Dargez. Belle ép., avec marge.

392 **Ferdinand.** Jeux d'enfants, d'après le Primatice. Copie d'une estampe de Léon Daven. In-fol. Belle ép.

393 **Flamen** (A.). La sarcelle (R. D. 404) ; la perdrix rouge (405) ; la bécassine (408). Trois pièces. Belles épreuves avant les numéros.

394 — Les poissons de mer. Deuxième suite (R. D. 463 à 474). Suite de douze pièces. Le titre est de deuxième état, les autres du premier, avant les numéros.

395 — Vue des arcades de Jentilly (R. D. 494) ; vue du bourg La Reyne (R.-D. 497). Deux pièces. Belles ép., avant les numéros.

396 — Vue de Marcoussy (R.-D. 523) ; vue de Longuetoise (525) ; vue du grand canal de Longuetoise (527). Trois pièces.

397 — Titre d'un livre d'estampes (R. D. 565). Très-belle épreuve avant l'inscription sur la draperie. Rare.

398 — Pièces détachées de diverses suites. Dix-huit pièces.

399 **Foy**. Modèles de tasses ; douze sur la feuille. In-fol.

400 **Fragonard** (D'après Honoré). La cachette découverte, grav. par R. de Launay. Belle épreuve, avec marges.

401 — Le chiffre d'amour, grav. par N. de Launay. Très-belle épreuve, avec marge.

402 **Gallays**, éditeur. Costumes, paysages et sujets divers. Quatre-vingt pièces.

403 **Gamelin** père. Suite de petites batailles. Huit pièces. Rares et belles, avec marges.

404 **Gamelin** fils. Tête de cheval, d'après Gamelin le père. In-4, en larg. Rare et belle.

405 **Gaultier** (Léonard). Les prophètes. Suite de dix-huit pièces. Belles épreuves.

406 — Plan de Paris. In-4, en larg. Jolie pièce rare.

407 **Gellée** (Claude), dit le Lorrain. La fuite en Egypte (R. D. 1). Premier état. Belle épreuve.

408 — Le naufrage (R. D. 7). Belle épreuve.

409 — La danse sous les arbres (R. D. 10). Belle ép.

410 — Le berger et la bergère conversant (R D. 21).

411 — L'enlèvement d'Europe (R. D. 22). Belle ép.

412 **Geoffroy** (C.). Le harem, d'après N. Diaz. Ép. d'artiste, sur papier de Chine.

413 **Géraut**. La Sainte Famille, d'après Raphaël. Ép. avant la lettre.

414 **Gessner** (Salomon). Une nymphe surprise par un satyre. Belle ép. avant la lettre.

415 **Gillot** (D'après). Des enfants jouant aux cartes, grav. par Caylus. Très-belle épreuve, avant divers travaux.

416 **Gouy** (de). La curieuse. Pièce ovale en larg., grav. au pointillé. Belle ép

417 **Greuze** (D'après J. B.). La mort de Marie-Madeleine, grav. par Claude Houin. Superbe épreuve avant la dédicace.

418 — La tricoteuse, grav. par Claude Donat Jardinier. Très-belle épreuve, avec marge.

419 — Le petit napolitain, gravé par F. R. Ingouf. Petit in-fol. Belle ép., avec marge.

420 — Le donneur de sérénade, gr. par P. E. Moitte. Très-belle épreuve, avec marge.

421 — La paresseuse, gr. par P. E. Moitte. Très-belle ép., avec marge.

422 — La petite fille tenant une poupée, gr. par P. C. Ingouf. Très-belle épreuve, signée au verso par Greuze.

423 — Buste de jeune fille, gr. à la manière noire, par J Massard. Pièce très-rare Belle ép.

424 — Jeune fille tenant un bouquet. *The pretty noesgay Garle*, gr. par L. Marin. Pièce imprimée en or et en couleurs. Très-belle ép.

425 **Grobon** (Michel). Paysage. In-fol.. en larg. Belle épreuve.

426 **Hallé** (Noël). Adoration des bergers (De B. 3). Très-belle épreuve.

427 **Hallé** (D'après). S. Antoine de Padoue, gr. par B. Audran.

428 **Houdan** (J.). Cahier de grands vases. Suite de six pièces. Belles épreuves.

429 **Huet** (D'après). Divers exercices de singes, gr. par J. Guélard. Vingt pièces.

430 **Huret** (Grégoire). Armoiries. Trois p. in-fol. Belles épreuves.

431 **Hutin** (François). Composition mythologique. Gr. in-fol., en larg. Épreuve avant toute lettre. Très-belle pièce, non citée par M. de Baudicour.

432 **Ingres** (D'après). Mallet, ingénieur des ponts et chaussées, grav. par Boucheron. Pièce rare. Belle ép.

433 **Jacob** (L.). Léda. Pièce in-4°. Belle ép., avec marge.

434 **Janinet**. Le rire, d'après Bertaux. Belle ép.

435 **Jeaurat** (D'après Etienne). L'opérateur Barri et le mari jaloux. Deux pièces gravées par Balechou, Belles ép.

436 **Jeaurat**. Berger en repos. In-fol., en larg. Belle épreuve.

437 **Johannot** (Alfred). Portrait d'un homme tenant un vase, d'après Dupré. Épreuve d'essai, grav. pour le sacre de Charles X, et signée par le graveur.

438 **Lafage** (Raimond). La peste des Philistins (R. D. 3). Belle ép.

439 **Lafitte.** Des mendiants romains. In-fol., en haut. Pièce curieuse.

440 **Lagniet** (Jacques). L'estrange rancontre.

441 — Scènes de mœurs et métiers. Cinq pièces rares et curieuses.

442 **Lallemant** (D'après). L'entrée d'une ville maritime, gravée par Le Veau. Belle ép.

443 **Lavreince** (D'après). L'Innocence en danger, gr. par Caquet.

444 — La marchande à la toilette, gr. par Vidal. Belle ép., à toute marge.

445 **Le Barbier**, l'aîné (D'après). Couronnement de La Fontaine par Esope, aux Champs-Élysées. Belle épreuve, avec marge.

446 **Le Clerc**, le jeune (Jean). B. Agnès de Monte Politiano ...1608. In-4°.

447 **Le Clerc** (Jean). Le repos en Égypte. In-fol., en haut. Pièce rare. Belle ép.

448 **Le Clerc** (Sébastien). La multiplication des pains (Jombert, 251) Superbe épreuve, avec marge.

449 **Lepagelet** (L.). Paysage avec monuments, 1786. Ovale in-fol., en haut. Belle ép.

450 **Le Pautre**. Histoire de Moïse. Suite de 12 pièces. Belles épreuves, avec marges.

451 — Suite de vases, d'après ceux de Cher. Alberti. 10 pièces, avec l'adresse de le Blond. Belles ép. Rares.

452 — Livre d'académie. 4 pièces.

453 — Trophées médalliques en l'honneur de la famille des Rostaing 2 p., nos 2 et 8. Très-belles ép.

454 **Lépicié**. Le printemps, d'après la Rosalba. In-4. Belle ép.

455 **Le Prince** (Jean-Baptiste). Un homme debout; épreuve d'eau-forte. Un paysage. 2 p. Belles ép.

456 — Costumes russes. 11 p. Belles ép.

457 **Loir** (Nicolas). L'Aurore (R. D. 17). Pièce sans nom. Très-belle ép.

458 **Lombart** (P.). Montant d'ornements d'après Gédéon. In-4. Rare. Belle ép.

459 **Loutherbourg** (d'après P. S.). La Sultane, grav. par G. Scorodomooff. Superbe ép.

460 **Machy** (d'après de). Environs de Rome. 2 sujets ronds, grav. en coul. par C Descourtis. Belles ép.

461 **Maillot** (A.) éditeur. Sacre et couronnement de Louis XV. Gr. in-fol. Le même sujet, grav. par Herisset. 2 p.

462 **Marcenay** (A. de). Portrait d'un seigneur et d'une dame, à mi-corps, d'après Rembrandt. Superbe ép., avec marge.

463 **Martinet**, éditeur. Le choix; les Amants heureux. 2 p. Belles ép.

464 **Mignard** (Nicolas). La Vierge et l'enfant Jésus, d'après F. Vanni. In-fol. Belle ép. d'une pièce rare, non citée.

465 **Mignard** (d'après P.). Pan et Syrins. grav. par E. Jeaurat. Belle ép., avec marge.

466 **Moitte** (d'après). L'infidélité reconnue, grav. par Dambrun. Belle ép., avec marge.

467 **Monnet** (d'après). Salmacis et Hermaphrodite, grav. par G. Vidal. Belle ép., avec marge.

468 — Jupiter et Io, grav. par Vidal. Belle ép., avec marge.

469 — Jupiter et Anthiope, grav. par Vidal. Belle ép., avec marge.

470 — Renaud et Armide, grav. par Vidal. Belle ép., avec marge.

471 — Les Baigneuses surprises, grav. par Vidal. Belle ép., avec marge.

472 **Moreau** (Louis). Paysages. 3 p. Belles ép.

473 **Moreau** le jeune, Eisen, etc. Vignettes, grav. par divers, la plupart avant la lettre. 10 p. Belles ép.

474 **Morin** (Jean). La Vierge adorant l'enfant Jésus, d'après le Titien (R. D. 15). Très-belle p. Superbe ép., avec marge.

475 — La Vierge transportée au Ciel, d'après Phil. de Champagne (R. D. 29). Belle ép., avec marge.

476 **Nanteuil** (Robert). Les quatre évangélistes, d'après Le Sueur (R. D. 7). Belle ép. avec les mots *unus atque idem Spiritus...*

477 **Natoire** (d'après). Le triomphe d'Amphitrite, grav. par P.-E. Moitte. Belle ép., avec marge.

478 — Vénus et Adonis, grav. par Michault. Belle ép., avec marge.

479 — Vénus et Ænée, grav. par J.-J. Flipart. Belle ép., avec marge.

480 — L'Air, grav. par Huquier? Très-belle ép.

481 — Le Feu, grav. par P. Aveline. Très-belle ép.

482 – La Terre, grav. par **J.-B.** Perronneau. Très-belle ép.

483 **Nolin** (P.). L'empire de la Mort. In-4. Pièce très-curieuse. Belle ép.

484 **Parelle** (d'après M. A.). Une jeune femme tenant un épagneul, avec ce titre : *Provoking Fidelity*. Pièce en or et en couleurs, grav. par L. Marin. Sup. ép.

485 **Patel** (d'après). Deux vues d'Italie, grav. par Daullé. 2 p. Sup. ép.

486 **Pater** (d'après). Les aveux indiscrets, grav. par Filloeul. Très-belle ép.

487 — L'essay du bain, grav. par Voyez, Pièce rare. Très-belle ép.

488 **Perelle**. La Fontaine de la Renommée et l'Isle d'Amour à Versailles. 2 p. avant la lettre, avec marges.

489 — Le Château de Chaville. 3 p., l'une avant la lettre, les autres avec l'adresse de Langlois. Très-belles, avec marges.

490 — Vues diverses. 14 p., avec l'adresse de Nic. Langlois. Belles ép.

491 — Vues diverses de France. 15 p. Belles ép., avec l'adresse de Langlois.

492 — Vues diverses. 24 p., avec l'adresse de Poilly.

493 **Phelippeaux**. L'Epouse infidelle; le Jaloux en deffaut. 2 p in-fol. ovales, en haut. grav. à l'aquatinte Belles épr.

494 **Pierre** (J -B.-M.). Saint François guérissant une femme (Baudicour, 5). — Le Vieux mendiant (18). 1er état, avant la coupure de la planche. — 2 p., belles ép.

495 — La Fête de village (de B. 28). Un berger et une bergère assis dans un paysage. Epreuve avant la lettre. 2 p. Belles ép.

496 **Pierre** (d'après J.-B.-M.). Sacrifice à Pan, grav. par L. Lempereur. Belle ép., avec marge.

497 **Pillement** (J.). Deux bergères dans un paysage; l'une est debout, l'autre assise. Pièce in-fol. en larg., gravée à la manière du crayon. Rare.

498 **Plate Montagne** (Nicolas de). La Présentation au temple (R. D. 1). Belle ép.

499 **Poilly**. Frontispice des confessions de saint Augustin, d'après Ph. de Champagne. In-8. Belle ép. d'une jolie pièce.

500 **Poussin** (d'après Nic.). Achille reconnu par Ulysse (B. 30). Pièce rare. Belle ép.

501 — Sujets mythologiques et autres, gravés par divers. 12 p. Belles ép.

502 **Prud'hon** (d'après). Cérès, grav. par Copia. Très-belle ép. avec la lettre grise.

503 — Le cruel rit des pleurs qu'il fait verser, grav. par Copia. Belle ép. avant la lettre.

504 — La Liberté, grav. par Copia. In 4. Belle ép.

505 — Gouvernement français, Vénus et l'Amour, Daphni e Chloe, Abrocome e Anzia, grav. par Roger, etc. 21 p. gravées et lithographiées par divers. Belles ép.

506 — Une famille malheureuse. Copie par M. de Boisfremont. 2 ép.

507 **Quéverdo** (d'après). La Cage ; le Désir. 2 p. grav. par Thérèse Martinet.

508 **Quineau** (G.). Paysage, d'après L. de Silvestre. In-fol. *F. Silvestre ex C. P. R.* Belle ép.

509 **Rivalz** (Barthélemi). Paetus et Aria, d'après A. Rivalz. In-fol. Belle épr.

510 **Rive** (G.-L. de la). Essais d'eau-forte. Suite de 8 p. numérotées et datées 1800 ; elles représentent des animaux. Belles ép.

511 **Robert** (Hubert). Tombeau de Marie-Joseph Savallette de Buchelai. In-fol. Belle ép

512 **Robert** (Léopold). Un improvisateur napolitain. Belle épreuve.

513 **Roëttiers** (F.). Diverses compositions. Suite de 8 p. in-4 en larg. Belles ép.

514 **Roger** (B.). Le Christ portant sa croix, d'après Prud'hon. In-8. Belle ép.

515 — Aminta et Abrocome e Anzia, d'après Prud'hon. 2 p. Belles ép.

516 **Sablet**. Joseph expliquant les songes, etc. 4 p. Belles ép.

517 **Sablet** (d'après). Scènes romaines, grav. par Ducros à la manière du lavis. 2. p. Rares.

518 **Saint Aubin** (Aug. de). Vénus Anadyomène, d'après le Titien. Très-belle ép., avant la coquille.

519 — Gluck. In-4 en haut. Joli portrait.

520 **Saint Non**. La petite frileuse, d'après Greuze. Belle ép.

521 Paysage. Très-belle ép.

522 **Schall** (d'après Frédéric). Le Modèle bien disposé, grav. par Alex. Chaponnier. Gr. in-fol. Epreuve avant la lettre.

523 — Les Amants trahis par leurs ombres, grav. par Wogls. Belle ép., avec marge.

524 — Le premier baiser de l'amour, grav. par Aug. Le Grand. Belle ép., avec marge.

525 — La Crédulité sans réflexion, grav. par L. Halbou. Belle ép., avec marge.

526 — Les Défauts corrigés par l'affront. Belle ép., avec marge.

527 — Le Petit glouton, grav. par J. Ouvrier. Belle ép., avec marge.

528 — Les Intrigues amoureuses, grav. par L. Halbou. Belle épr., avec marge.

529 **Silvestre** (Israël). Perspective de la ville de Lyon; veuë du chasteau de Vincennes; veuë du chasteau de Ruel, etc. 4 p. Belles ép.

530 — Vue de la ville de Tours. Gr. in-fol. en larg. Belle ép. Fontainebleau, Saint-Cloud. 3 p.

531 — Vues de Paris et de France. 27 p. Belles ép.

532 **Silvestre** (d'après F. et L.) Divers sujets de fables, et autres, gravés par Moïse, etc. 13 p. Belles ép.

533 **Slodtz** (M.-A.). Études de têtes. In-4. Pièce rare.

534 **Stella**. Vases divers. 31 p.

535 **Subleyras**. Le Serpent d'airain (R. D. 2). In-fol. en larg. Belle ép.

536 — La Madeleine aux pieds de Jésus (R. D. 3). Belle ép. de 1er état.

537 **Swebach** (Edouard). Costumes russes. 2 p. in-4 en haut. Belles ép.

538 **Tauche** (N.). Sujets divers. 4 p.

539 **Taraval** J.-G.). Le Pape portant le Saint-Sacrement le jour de la Fête-Dieu à Rome, 1788, d'après Le Sueur. In-4 en larg. Belle ép.

540 **Taunay** (d'après). La Rixe, le Tambourin, 2 p. en couleur, grav. par Descourtis. Belles ép.

541 **Tery** (A.), amateur. Paysage, d'après Claes Berghem. Belle ép.

542 **Théodore**. Les Pêcheurs (R. D. 1). Pièce ronde.

543 — La double cascade, d'après Franc. Millet (R. D. 2). 1er état, avec le nom de Simon. Belle ép.

544 **Thomassin**. Femme assise, d'après Vateau. Belle ép., avec marge.

545 **Tortorel** et **Perissin**. Le Massacre de Cahors, le Massacre de Vassy et autres sujets de la même suite. 8 p.

546 **Troy** (d'après **J.** de). Léda, grav. par E. Fessard. Très-belle ép., avec marge.

547 **Vallée** (Alexandre). La Terre. In-4 en larg. Pièce non décrite par M. Robert-Dumesnil.

548 **Varin**. La Danse de l'ours. In-4 en larg. Très-belle ép.

549 **Vateau** (d'après). Louis XIIII mettant le cordon bleu à Monsieur de Bourgogne, grav. par de Larmessin. Gr. in-fol. en larg. Belle ép.

550 — L'Enlèvement d'Europe, grav. par P. Aveline. Gr. in-fol. en larg. Belle ép., avec marge.

551 — Les Champs-Élysées, gravés par N. Tardieu. Très-belle ép. d'une des plus jolies pièces du maître.

552 — Rendez-vous de chasse, grav. par Aubert. Gr. in-fol., en larg. Sup. ép.

553 — La Gamme d'amour, grav. par L. P. Le Bas. Belle ép. d'une des plus jolies pièces d'ap. Vateau.

554 — La Colation, grav. par J. Moyreau. Sup. ép., avec marge.

555 — Les quatre Saisons, grav. par Brillon, Moyreau, J. Audran et N. de Larmessin. 4 p., Sup. ép., avec marge.

556 — La Sculpture, grav. par Desplaces. In-fol. Belle ép.

557 — Mezetin, Pierot. 2 p. in-fol., grav. par Du Bosc. Rares et belles, avec marges.

558 — Suite de têtes gravées par B. S. Setletzky. 16 p. numérotées. Rares.

559 — Sujets et costumes, grav. par divers. 12 p.

560 **Vateau** (d'ap. L.), de Lille. Intérieur, grav. par Pujol de Mortry, à la manière du crayon, 1766. In-fol. Belle ép. Rare.

561 **Vauquer** (Jean). Le Baptême de J.-C. Belle ép.

562 **Vien** (J. M.). Loth et ses filles (Baudicour, 2). In-fol. Belle ép.

563 **Vincent** (W.). Le Tâtonneur, d'ap. Van Ostade. In-fol. à la manière noire. Rare.

564 **Vivier** (G. de). Le Christ déposé de la croix, d'ap. Ant. van Heuvel. Pièce rare. Belle ép.

565 — La Tentation de saint Antoine, d'ap. Ant. van Heuvel. Pièce rare. Belle ép.

566 **Vleugels** (d'ap.). Le Villageois qui cherche son veau, gravé par de Larmessin. Belle ép., avec marge.

567 **Vouet** (Simon). La Sainte Famille. (R. D. 1.) Belle ép.

568 **Watelet**. Une Femme assise. Une jeune Fille dessinant. 2 p. Belles ép.

569 — Femme assise et cousant à la lueur d'une bougie, etc. 3 p. in-fol. Belles ép.

570 **Wille** (Jean-Georges). Musiciens ambulants, d'ap. Dietricy. Sup. ép.

571 — La Cuisinière hollandaise, d'ap. G. Metzu. Sup. ép.

572 — Gazettière hollandaise, d'ap. G. Terburg. Belle ép., avec marge.

573 — Le Petit Physicien, d'ap. G. Netscher. Très-belle ép. ancienne, avec marge.

574 — Petite Écolière, d'ap. Schenau. Très-belle ép. ancienne, avec marge.

575 Maîtresse d'école, d'ap. P. A. Wille. Très-belle ép. ancienne, avec marge.

576 **Woeiriot**. (P.). Phalaris (R. D. 205). Belle ép.

577 Vignettes tirées d'almanachs galants du dix-huitième siècle. 50 p. in-18.

578 Vignettes pour les œuvres de Walter Scott, d'ap. Desenne, et autres vignettes et portraits. 180 p.

579 Vignettes pour l'Iliade, grav. par divers.

580 Vues d'optique, la plupart sur Paris. 31 p.

PORTRAITS

581 Anonyme, grav. par Watelet. Ép. avant la lettre.

582 Anonyme, vu jusqu'aux genoux et tenant un livre de la main gauche, grav. par Giuseppe Longhi, Milano, 1804. In-fol. Belle ép.

583 Adolphe Jean, comte Palatin du Rhin, grav. par Jacq. Grignion, d'ap. David Klocker. In-fol Sup ép., avant la lettre.

584 Aitzema (Leo ab), grav. par H. Bary, 1666, d'ap. J. de Bane. In-fol. Belle ép., avec marge.

585 Alfieri (Vittorio), grav. par P. Toschi et Ant. Isac, d'ap. F. X. Fabre. In-fol. Ép. sur Chine.

586 Allemagne. Léopold Ier, grav. par P. Schenck. Médaillon in-4.

587 — Éléonore-Madeleine-Thérèse, impératrice, gr. par P. Schenck. Médaillon in-4.

588 Amyot (Jacques), grav. par Nic. Ponce, d'ap. Marchand. In-8. 2 ép. avec différences.

589 Angleterre. Henri VIII, roi, grav. par Corn. Matsys (B. 58). Pièce très-rare.

590 — Charles Ier, roi, grav. par Ben. Audran, d'ap. A. vander Werff. In-fol. Belle ép.

591 — Charles II, grav. par R. Williams, d'ap. G. Kneller. Ovale in-fol. Très-belle ép.

592 — Marie, reine, médaillon grav. par P. Schenck. In-4.

593 — Guillaume III, grav. par J. Smith, d'ap. G. Kneller. In-fol., ovale. Très-belle ép.

594 — Victoria, reine. Très-belle ép. avant toutes lettres, sans noms d'artistes.

595 Arnauld de Pomponne (H. N. Ch.), chancelier, grav. par G. E. Petit. d'ap. Vanloo, le père. Gr. in-fol. Très-belle ép., avec marge.

596 Aretino (Pietro), grav. par Hollar, d'ap. le Titien. In-4. Belle ép.

597 Astruc (Jean). médecin, grav. par J. Daullé, d'ap. L. Vigée. In-4. Belle ép.

598 Auber, musicien, grav. par Jacquemot. In-4.

599 Autriche (Ferdinand, empereur d'), grav. par Ét. de la Belle. In-fol. Belle ép.

600 Baillet (Adrien), grav. par N. Edelinck. In-4. Belle ép.

601 Balzac (Henriette de), grav. par Thomas de Leu. Belle ép.

602 Bavière (Charles-Théodore, duc de). Pièce allégorique. Gr. in-fol. Très-belle ép., avec marge.

603 Belidor (Bernard), grav. par Wille, d'ap. L. Vigée. Pet. in-fol. Belle ép.

604 Bellegarde (Louis-Denis Lalive de), grav. par Lalive de Jully, d'ap. Rigaud. Beau port.

605 Benoît XIV, pape, grav. par un anonyme. In-fol.

606 Bergaigne (Joseph), évêque de Bois-le-Duc, grav. par Jac. Neeffs, d'ap. Théod. van Thulden. In-4. Belle ép.

607 Berry (Charles, duc de), grav. par Edelinck, d'ap. de Troy. (R. D. 147.) Belle ép.

608 Besenval (Jean-Victor), baron de Brunstat, lieutenant-général, grav. par Cl. Drevet, d'ap. Meissonnier. Pet. in-fol. Belle ép., avec marge.

609 Beverningk (Jérôme de), grav. par A. Blooteling, d'ap. Maes. Gr. in-fol. Belle ép.

610 Blondeau (Fr.), président de la chambre des comptes, grav. par Nanteuil. (R. D. 40.) Sup. ép. signée au verso : *Mariette, 1675.*

611 Bohême (Élisabeth, reine de), grav. par G. J. Delff, d'ap. Mirevelt. Gr. in-fol. Belle ép. avec marge.

612 Boileau Despréaux (Nicolas), grav. par Drevet, d'ap. de Piles. In-fol.

613 — grav. par P. Savart, d'ap. H. Rigaud. In-8. Belle ép.

614 Bolswert (Scelte à), grav. par Adr. Lommelin, d'ap. Van Dyck. Belle ép., avec l'adresse de Gillis Hendricx.

615 Boonen (Jacques), archevêque de Malines, grav. par Paul Pontius, d'ap. Gaspard de Crayer. In-fol. Belle ép.

616 Boulongne (Louis de), le père, grav. par Louis Suruque, d'ap. Mathieu. Belle ép.

617 Boullongne (Bon de), grav. par J. N. Tardieu, d'ap. lui-même. In-fol. Belle ép.

618 Bourbon (Charles III, duc de), connétable de France, grav. par Miger, d'ap. Fragonard. In-fol. Belle ép.

619 Brandebourg (Frédéric-Guillaume, dit le Grand, électeur de), grav. par Masson. (R. D. 30.) Petit in-fol.

620 Brebiette (Pierre), grav. par lui-même.

621 Briffe (Marguerite-Henriette Lebret de la), grav. par Claude Drevet, d'ap. H. Rigaud. Très-belle ép., avec marge.

622 Brisacier (Guillaume de), grav. par Ant. Masson, d'ap. N. Mignard. (R. D. 15.) Sup. ép.

623 Brulart de Sillery (Fabio), grav. par Edelinck, d'ap. H. Rigaud. (R. D. 161.) Belle ép.

624 Buonaroti (Michel-Ange), grav. par un anonyme. In-fol. Portrait rare.

625 Burch (Jacques vander), grav. par P. Holsteyn, d'ap. Ter Burch. In-4. Très-joli portrait.

626 Cachiopin (Jacques de), grav. par Vorsterman, d'ap. Van Dyck. Belle ép. avec l'adresse de M. v. d. Enden.

627 Cagliostro (le comte de), grav. par Chr. Guérin, en 1781. Pet. in-fol. Belle ép.

628 Caillot (Joseph), acteur, grav. par Miger, d'ap. Voiriot. In-4. Belle ép.

629 Camoëns (L.), grav. par B. Roger, d'ap. F. Gérard. In-8. Belle ép. avant la lettre.

630 Caron (Antoine), peintre, grav. par Tho. de Leu. Belle ép.

631 Castlehaven (Élisabeth, comtesse de), grav. par P. Lombart, d'ap. Ant. Van Dyck. In-fol. Très-belle ép.

632 Cervantes (Michel), grav. par C. S. Gaucher, d'ap. Quéverdo. In-8. Ép. avant la lettre.

633 Charles, archevêque, duc de Cambrai, grav. par G. F. Schmidt, d'ap. H. Rigaud. Gr. in-fol. Belle ép.

634 Chennevière, grav. par Fiquet. Belle ép., avant la correction au mot *cincere*.

635 Chicogneau (François), médecin, grav. par Wille, d'ap. P. Le Sueur. Belle ép., avant la troisième ligne de texte.

636 Chrystin, grav. par J. Morin, d'ap. Ant. van Dyck. (R. D. 51.) Très-belle ép., avec marge.

637 Clairon (Hippolyte), grav. par H. Lips. In-8. Belle ép.

638 La même, grav. par Tassaert, d'ap. Bornet. In-8. Belle ép.

639 Clarendon (Edward, comte de), chancelier d'Angleterre, grav. par R. White, d'ap. P. Lely. In-fol. Belle ép.

640 Colbert (Jean-Baptiste), buste fort comme nature, grav. par Nanteuil, en 1676. (R. D. 76.) Belle ép. avant le changement de la dédicace.

641 Colombe l'aînée (Mlle), grav. par Delatre, d'ap. Le Moine. In-4. Belle ép., avec marge.

642 Colombière (Marc de Wulson de la); grav. par N. Regnesson, d'ap. Nanteuil et Chauveau. In-fol. Très-belle ép.

643 Condé (Henri de Bourbon duc de) à l'âge de 8 ans, grav. par Léonard Gaultier. Belle ép. Rare.

644 Le même personnage, à l'âge de 16 ans, grav. par Jacq. Granthomme.

645 Condé (Louis de Bourbon, prince de), dit le Grand Condé, grav. par Nic. Poilly, en 1660. In-fol. Belle ép.

646 Cools (Reginald), évêque d'Anvers, grav. par C. Vermeulen. Gr. in fol. Très-belle ép.

647 Coppenol, célèbre écrivain hollandais, grav. par Corneille Visscher. Sup. ép. avant la lettre, signée au verso : *Mariette. 1675.*

648 Cossiers (Jean), peintre, grav. par P. de Jode, d'ap. lui-même. In-4. Belle ép. de premier état, avant le texte au verso.

649 Courtin (Honoré), conseiller d'état, grav. par Nanteuil (R. D. 80). Premier état avant l'inscription sur la bordure. Sup. ép., avec marge.

650 Couvay (Pierre-Nolasque), conseiller du roi, grav. par Beaumont. In-8. Belle ép.

651 Crébillon (Prosper Jolyot de), grav. par Balechou, d'après Aved. Pet. in-fol. Belle ép.

652 Cureau de la Chambre (Marin), grav. par Masson, d'après P. Mignard (R. D. 24), 1er état. Belle ép.

653 Le même personnage, grav. par Rob. Nanteuil (R. D. 116). Epreuve tirée avant la réduction de la planche.

654 Cuvier (Georges), grav. par C. Lorichon, d'après Jacques. In-4. Belle ép.

655 Delarive, acteur, grav. par Aug. de St-Aubin, d'après P. Sauvage. In-8. Belle ép.

656 Descartes (René), grav. par P. Schenck. In-4. Belle ép.

657 Le même, grav. par P. Schenck en sens opposé. In-4. Belle ép.

658 Deshoulières (Mme), grav. par P. van Schuppen, d'après Elis. Cheron. In-8. Belle ép.

659 La même, grav. par Schmidt. Belle ép.

660 Diderot, grav. par F. David. In-fol. Très-belle ép. avant toute lettre.

661 Dombes (Louis-Auguste, prince de), grav. par P. Drevet, d'après F. de Troy. In-fol. Superbe ép.

662 Douglas (Rupert), général suédois, grav. par Jérémie Falck, d'après Du Bordieu. Superbe ép.

663 Duchénois (Mlle), grav. par Aubert; Mme Dufresne, grav. par Lépicié, d'après Aved. 2 p. Belles ép.

664 Ducher (Jean), angevin, théologien calviniste, grav. par W. Delff. In-fol. Pièce rare. Belle ép.

665 Draeck (François), célèbre voyageur. *Paulus de la Houve excud.* In-4. Belle épreuve, avec marge.

666 Ducis, grav. par Forssell, d'après Gérard. In-8. Deux épreuves, l'une avant toute lettre, l'autre avec les noms des artistes seulement.

667 Dumourier, La Fayette, Murat, Kellerman, Petion, Barnave, Thouret, Danton, Robespierre, grav. en silhouettes, par un artiste allemand. In-4 en larg. Curieuse pièce.

668 Elliot (Georges-Auguste), gouverneur de Gibraltar, grav. par Bartolozzi, d'après A. Poggi. Gr. in-fol. Belle ép.

669 Eon de Beaumont (Charlotte ... d'), grav. par Bradel. In-fol. Belle ép., avec marge.

670 Erasme, gravé par Jérôme Hopfer In-4. Belle ép.

671 Espagne (Charles II, roi d'), grav. par P. Schenck. Médaillon in-4. Belle ép.

672 Espernon (Jean-Louis de Nogaretz de la Vallette, duc d'), grav. par Tho. de Leu. Belle ép.

673 Espernon (Anne-Louise-Christine de Foix de la Valette d'), religieuse carmélite (R. D. 195). In-fol. Belle ép.

674 Esterhasi (Nicolas), grav. par Schmidt, d'après Tocqué. In-fol. Rare ép. sur papier de chine.

675 Fauchet (Claude), grav. par Tho. de Leu. Belle ép.

676 Favart (Mme), grav. par J.-J. Flipart, d'après C.-N. Cochin. In-8. Belle ép., avant les mots *Frontispice du Tôme V*, au milieu du haut.

677 La même, grav. par Flipart, d'après Cochin le fils. Belle ép. avec l'inscription.

678 La même, grav. par Chenu, d'après Garand. Belle ép., avec marge.

679 Favre (Nicolas), conseiller et précepteur du roi, grav. par Léonard Gaultier. Belle ép.

680 Ferté (le marquis de la), à cheval, grav. par Beauvais, d'après C. Parrocel. In-fol. Belle ép. avant la lettre.

681 Feuquière (Catherine Mignard, comtesse de), grav. par Daullé, d'après P. Mignard. Belle ép. avant l'adresse de l'auteur.

682 Fiacre de Sainte-Marguerite (le vray Portraict du très déuot Religieux) Augustin déchaussé..., grav. par P. Simon. In-fol. Très-belle ép.

683 Fieubet (Gaspard de), maître des requêtes, grav. par Nic. Pitau, d'après C. Le Fèbvre. In-fol. Belle épreuve.

684 Four (Philippe du), conseiller du roi, grav. par Hainzelman. 1682. In-4. Belle ép.*

685 France. Henri III, grav. par Léon Gaultier et Iaspar Isac. 2 pièces.

686 — Henri IV, grav. par Léon Gaultier, Crispin de Pass, etc. 8 pièces.

687 — Le même roi, grav. par un anonyme. In-8. Belle ép.

688 — Anne d'Autriche, grav. par un anonyme. In-4. Belle ép.

689 — Louis XIII, à cheval, grav. par Moncornet. Gr. in-fol. Dans le fond, la ville de Nancy. Pièce rare.

690 — Le même roi, en pied. In-fol. Belle ép.

691 — Le même roi, grav. par Léonard Gaultier, Jean Picart, etc. 6 pièces.

692 — Gaston de France, frère unique du roy. In-fol. *Mariette excudit...* Très-belle ép.

693 — Louis XIV, assis, tenant un globe d'une main et soutenant l'Eglise de l'autre, grav. par Hainzelman. Petit in-fol.. Pièce rare. Superbe ép.

694 — Louis XIV, jeune, grav. par F. Poilly, d'après Nocret. In-fol Très belle ép.

695 — Le même personnage, grav. par Nic. de Poilly, d'après F. P. Georgius. Belle ép.

696 — Le même, grav. par Landry à l'âge de 30 ans. In-12, etc. 2 pièces.

697 — Le même, grav. par J.-B. Massé, d'après Ant. Coypel. In-fol. Belle ép.

698 — Maintenon (Mme de), grav. par Ficquet, d'après P. Mignard. Belle ép.

699 — Louis XV, grav. par N. Le Mire. In-8. Belle ép.

700 — Marie Leczinska, dans une couronne de roses, grav. par Gaucher, d'après Nathier. Belle ép.

701 — Louis, Dauphin, grav. par P. Schenck. Médaillon in-4.

702 — Marie-Thérèse d'Espagne, dauphine, grav. par de Larmessin, d'après Vanloo. Gr. in-fol.

703 — Louis-Joseph-Xavier, duc de Bourgogne, grav. par Beauvarlet, d'après Fredou. In-8. Belle ép.

704 — Louis-Stanislas-Xavier de France, comte de Provence, grav. par E. Voysard, d'après Mich. Vanloo. In-4. Belle ép.

705 — Joséphine-Louise de Savoie, grav. par Roger, d'après Drouais. In-4. Belle ép.

706 — Louis XVI, grav. par Ponce.

707 — Le même, grav. par Mlle M. R. Savart. In-8. Joli portrait. Rare.

708 — Louis XVI, décapité. Petite pièce très-rare avec cette souscription : *Guillotine.*

709 — Marie-Antoinette, grav. par L. Guttenbrunn. In-8. Très-rare. Belle ép., avec marge.

710 — La même, de profil, grav. en Allemagne. In-4. Rare.

711 — La même, grav. par B. Roger, d'après Callet. In-4. Belle ép.

712 — La même, grav. par A. Gabrielli, d'après S. Gratise.

713 — La même, grav. par Nilson, d'après J.-M. Miltiz. In-fol. Belle ép.

714 — Louis XVI, Marie-Antoinette et le roi et la reine d'Angleterre. Leurs silhouettes, à Francfort, chez Berndt. Rare.

715 — Napoléon Ier, médaillon, grav. par Alex. Tardieu, d'après Isabey. Belle ép.

716 — Le même, grav. par R.-U. Massard, d'après Bouillon. Médaillon in-4. Rare.

717 — Napoléon Ier, le Jardinier de Sainte-Hélène. In-fol. Lithographie rare. Belle ép.

718 — Louis XVIII et autres portraits de la famille royale, grav. par Richomme, etc. 5 pièces.

719 Franck (Sébastien), grav. par S. à Bolswert, d'après Van Dyck. Epreuve tirée avant la qualité du personnage et avant le nom du graveur.

720 Francque (Hierosme), grav. d'après lui-même, par J. Morin (R. D. 52). Belle ép.

721 Frichignono (Niccolo), conte di Quaregna, grav. par Porporati, d'après Dupra. Belle ép.

722 Fries (Henri de), amiral hollandais, grav. par A. Blotelingh, d'après G. van Eeckhout. Gr. in-fol. Belle ép.

723 Frobenius, grav. par Bloteling, d'après Holbein. In-8. Belle ép.

724 Frockas-Perera (Emmanuel), grav. par P. Pontius, d'après Van Dyck. Belle ép.

725 Garnier (Robert), poëte, grav. par C. de Mallery. d'après Rabel. Rare.

726 Gassendi (Pierre), grav. par Cl. Mellan. Belle ép.

727 Gazon (Mme du), grav. par Le Beau. In-4. Belle épreuve.

728 Gentilesci (Horace), grav. par Vorsterman, d'après Van Dyck Belle ép., avec l'adresse de M. v. d. Enden.

729 Gondy (Portraits de membres de la maison de), grav. par Duflos, L. Moreau et autres. 5 pièces.

730 Graffigny (Mme de), grav. par Cathelin, d'après J.-B. Garand. In-8. Rare.

731 Greene (Nathaniel), général américain, grav. par Chevillet, d'après Peale. In-fol. Belle ép.

732 Gribeauval (J.-B. Vaquette Frechencourt de), lieutenant général, grav. par Thiollet. In-fol.

733 Groulart (Henri), conseiller du roi, grav. par Corn. Galle, d'après Ans. van Hulle. In-fol.

734 Guevara-Bovi (Charles-Antoine de), général, grav. par Lucas Ciamberlano. Pièce rare, non citée par Bartsch.

735 Guise (Marie de Lorraine, duchesse de), grav. par Masson, d'après P. Mignard (R. D. 32). 2 ép., l'une avant le lapin, à la suite du mot *pinxit*, l'autre avec le lapin.

736 Gutthœter (Georges), amateur de peinture et d'objets d'art, grav. par M. Merian. In-4. Rare.

737 Habert de Montmor (Henri-Louis), grav. par un anonyme. Gr. in-fol. Belle ép. avant la lettre.

738 Habrecht (Isaac), suisse, inventeur des horloges à poids, gravé par lui-même? In-fol. Rare. Belle ép.

739 Hayter (George), peintre, grav. à l'eau-forte par lui-même. In-4. Rare. Belle ép.

740 Herdesianus, jurisconsulte, grav. par J. Sadeler. In-fol. Très-belle ép.

741 Hongrie (Marie-Thérèse, reine de), grav. par Petit, d'après Martin de Meytens. Gr. in-fol. Belle ép.

742 — La même reine, grav. par Vendramini, d'après J. Pencini. In-8.

743 Hontsum (Zegerus Van), chanoine de l'église d'Anvers, grav. par Zommelin, d'après Van Dyck. Belle ép., avec l'adresse de J. Hendricx.

744 Hooghe (Romyn de), grav. par J. Houbraken. In-fol. Épreuve avant la lettre.

745 Horetinck (W.), gravé à l'eau-forte par lui-même. In-fol. Rare. Belle ép.

746 Hospital (Michel de), grav. par Jérome Wiercx. In-fol. Belle ép.

747 Houbraken (Jacob), grav. par lui-même. In-4. Belle ép. avec marge.

748 Howard (Thomas), grav. par L. Vosterman, d'après H. Holbein. In-fol. Belle épreuve.

749 Hozier (Charles), grav. par Edelinck, d'après H. Rigaud. Gr. in-fol. Belle épreuve.

750 Hult (Pierre van der), peintre de fleurs, grav. à l'eau-forte par lui-même. In-fol. Très-rare. Belle ép.

751 Huysum Jean Van), grav. en manière noire, par A. Van Halen. In-fol. Rare. Superbe ép.

752 Ida Ste-Edme (Mme), la Contemporaine, lith. par A. Devéria. Gr. in-fol. Pièce rare. Sup. ép.

753 Innocent X, pape, grav. par Gilles Rucholle. In-4.

754 Innocent XII, pape, grav. par Habert, d'ap. Morandi. In-fol. Belle ép.

755 Joannes Ernestus Pistoris in Seuselitx... grav par P. de Jode, d'ap. Ant. Van Hulle. In-fol. Belle épreuve.

756 Joly (Marie-Elizabeth), du Théâtre-Français, grav. par Langlois. In-fol.

757 Joyeuse (Anne, duc de), grav. par Tho. de Leu. Belle ép.

758 Iusuf Pascia Grand Visir, grav. par Vin. Giaconi, d'ap. Ferd. Tonioli. In-fol. Belle ép.

759 Kapler (Gaspar) de Sulewitz, gravé par Gilles Sadeler. In-4. Belle ép.

760 Kenkel (Jacob), peintre, grav. par Bern. Vogel. In-fol. Belle épreuve avant la lettre.

761 Kerckhoven (Jean Polyander à), théologien, grav. par Suyderhoef. In-fol.

762 Kress von Kressenstein (Cristof), grav. par Hans Troschel. In-4. Rare.

763 Lamoignon (Guillaume de), grav. par Nanteuil (R. D. 119). Belle ép.

764 Le même personnage, buste dans un cadre ovale entouré de trois figures allégoriques, grav. par F. de Poilly, d'après P. Mignard (Hacquet, 3e partie, no 88). Gr. in-fol. en larg. Très-belle ép.

765 La Motte (J.), grav. par W. Faithorne le vieux. In-4. Belle ép.

766 Lantara, peintre, grav. par Bracquemond. In-4o. Ép. avant la lettre.

767 Larcher (Michel), grav. par Abr. Bosse. Belle épreuve.

768 Laval (Henri-Antoine de), géographe, grav. par Tho de Leu. In-12. 1er état, avant le texte dans la marge. Belle ép.

769 Leclerc de Juigné, archevêque, grav. par Fessard, d'ap. Nogaret. Gr. in-fol.

770 Lecomte (Marguerite), des académies de peinture..., grav. par L. Lempereur, d'après C.-H. Watelet. In-4.

771 Le Couteulx du Moley (Sophie), grav. par Aug. de Saint-Aubin, d'après C. N. Cochin. In-4. Belle épreuve.

772 Le Couvreur (Adrienne), grav. par P. Drevet, d'ap. Ch. Coypel. Belle ép. avant l'*e* au mot *modèle*.

773 Le Fèvre d'Ormesson (André), grav. par F. Poilly. Belle ép. avec marge.

774 Le Masle (Michel), chanoine de l'église de Paris, grav. par Nanteuil (R. D. 126). In-fol. 1er état, avec la date 1658. Belle ép.

775 Lenclos (Ninon de), grav. par Coupé, d'ap. A. Devéria. Très-belle ép. avant la lettre, sur Chine.

776 Le Pois (Antoine), médecin et antiquaire, grav. par P. Wöeiriot (R. D. 292). In-4. Belle ép.

777 Le Roy (Philippe), grav. par P. Pontius, d'ap. Van Dyck. Belle ép. avant la lettre.

778 Lessing (G.-E.), grav. par I.-F. Bause, d'ap. Antoine Graff. In-fol. Belle ép.

779 Létouf (Claude de), de Pradines, baron de Sirot, lieutenant général, grav. par J. J. Thourneyser Pet. in-fol. Belle ép.

780 Le Vayer (F. La Mothe), grav. par Fiquet. d'ap. Nanteuil. Belle ép.

781 Linguet, grav. par Aug. de Saint-Aubin, d'ap. Vincent. In-4. Belle ép. avec marge.

782 L'Isle (Melchior de), conseiller d'Etat, grav. par Pierre Aubry. In-fol. Belle ép.

783 Livry (Nicolas de), évêque de Callinique, grav. par J. Massard, d'ap. L Tocqué. In-fol.

784 Lorraine (Louise de), douairière de France, grav. par Tho. de Leu. In-4°. Belle ép.

785 Lorraine (Louis de), cardinal de Guise, grav. par Tho. de Leu. In-8.

786 Luther (Martin), gravé par Réné Boyvin (R. D. 110). Belle ép.

787 — grav. par un Anonyne. In-fol.

788 Mansfeld (Le comte et la comtesse de), grav. par Corn. Matsys (B. 57). Rare.

789 Marini (J.-B.), poëte, grav. par Ottavio Leoni (B. 30). In-4. Belle ép. avec marge.

790 Marlborough (Jonh Duke of), gravé par P. de Gunst, d'ap. G. Kneller. Gr. in-fol. Belle ép.

791 Marolles (Claude de), grav. par Claude Mellan. In-fol. Belle ép.

792 Marcassus (Pierre de), grav. par Michel Lasne, d'ap. D. du Monstier. In-4. Pièce rare. Belle ép. avec marge.

793 Mayer (Georgius-Jonas), grav. par Raphaël Morger, d'ap. Ettlinger. In-fol. Belle ép.

794 Mellan (Claude), grav. par lui-même. In-4. 1er état, avant la diminution de la planche.

795 — grav. par Edelinck. Belle ép.

796 Mesmes (Claude de), comte d'Avaux, grav. par P. Pontius, d'ap. Ans. van Hulle. In-fol. Belle ép. avec marge.

797 Mesmes, comte d'Avaux. (Jean de). conseiller du roi, grav. par P. Drevet, d'ap. H. Rigaud. Gr. in-fol. Belle ép.

798 Mignard (Pierre), grav. par Schmidt, d'ap, Rigaud Très-belle ép., avant l'astérique au milieu du bas. Rare.

799 Mirabeau (Honoré Gabriel, comte de), médaillon grav. en couleurs.

800 Miroménil (Armand-Thomas Hue de), premier président du parlement de Rouen. grav. par Noël Le Mire, 1775. In-4 en larg. avec la vue de Rouen dans le fond. Belle ép. avec marge.

801 Moore (François), jurisconsulte, grav. par W. Faithorne. In-4.

802 Motteville (Hélène Lambert, femme de F.-M. de), grav. par P. Drevet, d'ap. Largillière. Gr. in-fol. Sup. ép. avec marge.

803 Mountain (Mistriss), grav. par T. Cheesman, d'ap. Buck. Très-jolie pièce coloriée.

804 Mouy (Henri de Lorraine. marquis de), grav. par Nanteuil. Gr. in-fol (R. D. 197). 1er état, avant la lettre. Belle ép.

805 Musard, grav. par Ch. Blanc. Médaillon in-8.

806 Mylius (Hermannus), grav. par P. de Balliu, d'ap. Ans van Hulle. In fol. Belle ép.

807 Naples (Caroline, reine de), grav. par Boutelou, en 1786. Médaillon rond in-4.

808 Nassau (Jean, comte de), grav. par P. Pontius, d'ap. Van Dick. Belle ép. avec l'adresse de M. v. d. Enden.

809 Navarre (Marguerite d'Angoulême, reine de), grav. par Riffaut.

810 Necker, grav. par Aug. Saint-Aubin, d'ap. J.-S. Duplessis. In-fol. Belle ép.

811 — grav. en couleurs. In-8.

812 Nemours (la duchesse de), grav. par N. Regnesson, d'ap. F. Chauveau. In-4. Pièce rare. Belle épreuve.

813 Noverre (J.-G.), célèbre compositeur de ballets, grav. par Roger, d'ap. Guérin. In-4. Belle ép.

814 Oldenbernevelt (Jean de), avec 4 vign. relatives à son supplice et à sa mort. In-fol. en larg. Pièce rare.

815 Orange (Frédéric-Henri, prince d'), grav. par Conr. Waumans, d'ap. Van Dick. Belle ép. avec l'adresse de Meyssens

816 Orange (Guillaume-Charles-Henri Frison, prince d'), grav. par Balechou. In-fol. 1er état, avant les armes et la lettre. Rare ép. Malheureusement un angle a été déchiré.

817 Orléans (Henri d'), duc de Longueville, grav. par Léon. Gaultier.

818 — grav. par Paul Pontius, d'ap. Ans. van Hulle. In fol. Belle ép.

819 Orléans (Marguerite de Lorraine, princesse d'), grav. par S. à Bolswert. Belle ép.

820 Orléans (Le duc d'), Monseigneur, grav. par Bernard, en manière noire. In-fol. Pièce rare. Belle ép. avec marge.

821 Orléans (Elizabeth-Charlotte Palatine du Rhin, duchesse d'), grav. par Marie Horthemels, d'ap. Rigaud.

822 Parr (Thomas), mort à l'âge de 152 ans, grav. par A. Pond, d'ap. Holbein. In-fol. Belle ép.

823 Passavanti (Jacopo), grav. par P. Caronni. Médaillon in-4.

824 Pelegrin (Pierre-Joseph), de Marseille, grav. par Watelet, d'ap. Saint-Léger. In-8.

825 Perron (Jacques d'Avy du). *A Paris chez F. Jollain.* In-4.

826 Pibrac (Gui du Faur de), grav. par Tho. de Leu?

827 Pithou (Pierre), jurisconsulte célèbre, grav. par P. Van Schuppen. In-fol. Belle ép.

828 Pitt (William), grav. par H.-S. Goed, en manière noire, d'ap. W. Owen. Gr. in-fol. Belle ép.

829 Planis Campy (David de) dit l'Edelphe, grav. par Michel Lasne. In-4°.

830 Pologne (Stanislas, roi de), sur un piédestal entouré de figures allégoriques. Gr. in-fol. Belle pièce.

831 Portugal (Pierre, roi de), grav. par P. Schenck. Médaillon in-4. Belle ép.

832 Poussin (Nicolas), grav. par L. Ferdinand. Belle épreuve.

833 Pruche (L'abbé), grav. par Cathelin, d'ap. Blakey. In-fol. Belle ép. avant la lettre.

834 Quesnay (F.), médecin, grav. par Wille, d'ap. J. Chevallier. In-8.

835 Racine (Jean), grav. par Edelinck (R. D. 302). — par Gaucher, 2 pièces. Belles ép.

836 Radzivil (Antoine-Henri), grav. par Faustino Anderloni, d'ap. Wilhelm Hensel. Très-belle ép.

837 Renaudot (Eusèbe), grav. par F. Chereau l'aîné, d'après J. Ranc. In-fol. Belle ép.

838 Richter (François-Xavier), maître de chapelle de la cathédrale de Strasbourg, grav. par C. Guérin. In-fol. Belle ép.

839 Robin (Jean), célèbre botaniste, grav. par P. Vallet. In-4. Rare.

840 Rousseau (Jean-Jacques), grav. par Fiquet, d'ap. De la Tour. Belle ép.

841 — grav. par Quéverdo et terminé par Massol. In-4, en couleurs. Belle ép.

842 — grav. par D. Berger, d'après un buste de D. Chodowiecki. In-12.

843 Rousseau (Jean-Baptiste), grav. par Fiquet, d'ap. Aved. Belle ép.

844 Saint-Aubin (Mme Duret), médaillon in-12.

845 Saint-Bonnet (Jean de), seigneur de Toiras, grav. par Mellan. Belle ép.

846 — grav. par Grég. Huret. In-4o. Belle ép.

847 Saint-Florentin (Louis Phelypeaux, comte de), grav. par Wille, d'ap. Tocqué. In-fol. Belle ép.

848 Salvius (Joannes Adlerus), conseiller du roi de Suède, grav. par P. Nolpe. In-4. Pièce rare. Belle ép.

849 Saugrain, grav. par Fiquet. Belle ép.

850 Savoie (Charles-Emmanuel, duc de), grav. par Tho. de Leu. Belle ép.

851 Schut (Corneille), grav. par Vorsterman, d'après Van Dyck. Belle ép, avec l'adresse de M. v. d. Enden.

852 Scudery (Georges de), grav. par Nanteuil (R. D. 221), 1er état, avant la diminution de la planche.

853 Second (Jean), poëte, grav. par Rodermont. In-4. Belle ép.

854 Seneca (Lucius Annœus), grav. d'après un buste antique, par Léonard Gaultier. In-4.

855 Servien (François), évêque de Bayeux, grav. par Nanteuil, d'après Phil de Champagne (R. D. 225). In-fol., 1er état, avec la date 1656, et avant la lettre.

856 Sévigné (Marie de Rabutin-Chantal, marquise de), grav. par Roger, d'après Mignard. In-8. Belle ép.

857 Seyxas (Josephus Antonius Carlos et), musicien célèbre, grav. par Daullé, d'après Fr. Vieira. In-4. Belle ép. d'une estampe gravée en partie par Wille.

858 Sibbs (Richard), théologien anglais, grav. par Jean Payne. In-4. Pièce rare. Belle ép.

859 Soleysel (Jacques de), écuyer du Roi, grav. par L. Cossin. In-fol. Belle ép.

860 Le même, grav. par Hainzelman. In-fol. Belle ép.

861 Sponde (Henry de), évêque de Pamiez, grav. par Michel Lasne. In-fol. Belle ép.

862 Stewart (Henry Robert), lord viscount Castlereagh, grav. par H. Meyer, d'après T. Lawrence. In-fol. Belle ép.

863 Stolberg (la comtesse de), grav. par Elluin. In-8. Belle ép., avec marge.

864 Suède (Christine de), grav. par Nanteuil, d'après Séb. Bourbon (R. D. 67). Belle ép.

865 La même, grav. en contre partie par Faithorne. Rare.

866 La même, grav. par Alex. Tardieu, d'après Bourdon. Belle ép. avant la lettre.

867 Suffolk (Charles Brandon, duke of), and Mary, queen of France, grav. par Trotter. Pièce rare et curieuse. Belle ép.

868 Suffren (Pierre-André de), de Saint-Tropez, grav. par Mme de Cernel, d'après Gérard. Médaillon in-4. Belle ép.

869 Talma, dans le rôle de Titus, grav. par Godefroy. Ep. avant la lettre.

870 Talma, rôle de Titus. Mlle Mars, rôle de Betty, 2 pièces grav. par Godefroy. Belles ép.

871 Tarade (Jacques de), ingénieur du Roi, grav. par J. A. Seupel. In-fol. Belle ép.

872 Tassis (Marie-Louise de), grav. par Corn. Vermeulen, d'après Van Dyck. Gr. in-fol. Belle ép.

873 Tasso (Torquato), grav. par Raphaël Morghen, d'après Pietro Ermini. In-fol. Belle ép.

874 Teckely (Emeric), célèbre général hongrois, grav. par J. J. Thourneyser. In-fol.

875 Thainville (Marie-Aimée Dubois de), grav. par Quenedey en 1809. In-fol.

876 Tollenarius (Jean), célèbre jésuite, grav. par Jacques Neeffs, d'après P. Fruitiers. In-fol. Belle ép.

877 Toronis (Jean-Baptiste-Basile), grav. par Nic. Perrey, d'après J. B. Caraccioli. Belle ép.

878 Tressan (Louis-Élisabeth de la Vergne, comte de), grav. par N. de Launay, d'après Borel. In-8. Belle ép.

879 Troy (François de), grav. par J. B. de Poilly, d'après lui-même. Belle ép.

880 Tubières de Caylus (Ch.-Gabr. de), évêque d'Auxerre, grav. par Schmidt, d'après Fontaine. In-fol. Belle ép., avec marge.

881 Tubœuf (Jacques), conseiller du Roi, grav. par J. Morin, d'après Phil. de Champagne (R. D. 80). In-fol. Très-belle ép., avec marge.

882 Turenne (Henri de la Tour d'Auvergne, vicomte de), grav. par N. de Larmessin, d'après Meissonnier. Belle ép., avec marge.

883 Turner (James), âgé de 93 ans, grav. par W. Baillie, d'après N. Hone. In-8. Belle ép.

884 Urfé (Honoré d'), auteur du roman de l'*Astrée*, grav. par P. de Baillu, d'après Ant. van Dyck. 1er état, avec l'adresse de Meyssens. Belle ép., avec marge.

885 Vadé (Jean-Joseph), grav. par Fiquet, d'après Richard. Belle.

886 Vaernewyck (Marc van), grav. par P. de Jode. In-4. Belle ép.

887 Vallette (Louis de Nogaret de la), cardinal, grav. par L. Ab. Heyden. In-4. Belle ép.

888 Vallière (la duchesse de la), grav. par H. Bary. In-fol. Pièce très-rare. Belle ép. *Clément de Jonghe Exc.*

889 La même, grav. par B. Roger, d'après Petitot. Belle ép. avant la lettre, sur chine.

890 La même. Ép. avant la lettre, blanc.

891 Vallotti (F. Ant.), musicien, maître de chapelle de Saint-Antoine de Padoue, grav. par Colombo. Pièce rare. Belle ép.

892 Ventadour (Anne de Levis, duc de), archevêque, grav. par Mellan, et un autre portrait d'archevêque, sans noms. 2 pièces.

893 Verger de Hauranne (Jean du), grav. par Morin, d'après Phil. de Champagne (R. D. 82). Belle ép.

894 Verkolie (Nicolas), peintre, grav. par J. Houbraken, d'après lui-même. In-4. Belle ép.

895 Villeneuve Vence de Saint-Vincent (Julie de), petite fille de Mme de Sévigné. In-4.

896 Vlenspiegel (Thiel), grav. par Con. Waumans. In-4. Belle ép.

897 Voltaire, grav. par Balechou, d'après J. M. Liotard. In-8. Belle ép.

898 Le même, grav. par Rein, d'après Bachaumont. In-8. Rare. Belle ép.

899 Washington (George), grav. par Jean Laurent Rugendas. In-fol. Belle ép.

900 Watt (James), célèbre ingénieur, grav. par E. Finden. Proof.

901 Weerdenburg (Théodore de), gouverneur des Indes, grav. par Henri Hondius. Gr. in-fol. Superbe ép.

902 Wiegerin (Madeleine-Sophie), grav. par G. F. Schmidt, d'après Fiedler. In-fol. Belle ép.

903 Wiggers (Joannes), théologien, grav. par C. Galle, d'après H. de Smet. In-fol. Bell ép.

904 Wurtemberg (Marie-Dorothée, princesse de), grav. par M. Rembold. In-fol. Rare.

905 Wyngaert (Tobias Govertsz van den), pasteur à Amsterdam, grav. par A. Blotelingh, d'après M. van Muscher. Gr. in-fol. Belle ép., avec marge.

906 Zuccagnio (Attilio), célèbre médecin, grav. par Raphaël Morghen. In-fol.

907 Portraits, grav. par P. Pontius, d'après Van Dyck. 3 p. Belles ép.

908 Portraits de rois de Suède et autres, grav. par divers. 14 p. in-fol

909 Portraits de personnages allemands, grav. par divers. 56 p.

910 Portraits de la famille Gutthaeter. 15 p. in-4, reliées.

911 Portraits, grav. par les Kilian. 24 p. in-8, in 4 et in fol.

912 Portraits, grav. par Küsel, les Sadeler, etc., 16 p. in-8, in-4 et in-fol.

913 Portraits, grav. par P. de Jode. 19 p. in-8 et in-4.

914 Portraits, grav. par P. Schenck. 5 p. Belles ép.

915 Portraits, grav. par J. Houbraken. 16 p. in-8 et in-fol. Belles ép.

916 Portraits, grav. par P. Tanjé. In-fol. 5 p. très-belles.

917 Portraits, grav. par Nilson. 11 p

918 Portraits, par Tho. de Leu, Léonard Gaultier, etc. 4 pièces.

919 Portraits, par Léonard Gaultier et autres. 16 p.

920 Portraits de François Ier, Henri II, Charles IX, etc., grav. par P. de Jode. 6 p. Belles ép.

921 Portraits, par J. Morin. 3 pièces.

922 Charles Patin, Gui Patin et Masson, grav. par lui-même. 3 pièces.

923 Portraits, par Nanteuil. 4 pièces.

924 Portraits, par Schmidt, Drevet et autres. 7 pièces.

925 Portraits, par Edelinck, Nanteuil, etc. 4 pièces.
926 Portraits divers, grav. par Moncornet. 100 pièces. Belles ép., avec marges.
927 Portraits divers, publiés par B. Moncornet. 32 p.
928 Portraits, par Larmessin, Michel Lasne, etc. 13 p.
929 Portraits français, grav. par Frosne, de Poilly et autres. 7 p. in-fol.
930 Portraits français et autres. 24 p.
931 Portraits de Louis XIII et Louis XIV, grav. par A. Loir, d'après Benoist. Belles ép.
932 Portraits de Barnave, Kléber, Lecourbe et Sieyès, grav. par Fiesinger. 4 p.
933 Portraits de femmes, grav. et lith. 12 p.
934 Marie Stuart et autres personnages anglais. 8 p.
935 Portraits, grav. par divers. 27 p. Lot intéressant.
936 Portraits divers. 11 p.
937 Portraits divers. 60 p.
938 Portraits d'artistes, la plupart italiens. 67 p.
939 Portraits d'artistes, la plupart flamands et hollandais. 34 p.
940 Portraits d'artistes français. 51 p.
941 Portraits d'artistes français. 63 p.
942 The Prison of his Royal Highness the Princess of Orange at Gowerwells-Sluis. Pièce in-fol. en larg., sans noms d'artistes. Rare et curieuse.

Renou et Maulde, imprimeur de la Compagnie des Commissaires-Priseurs, rue de Rivoli, 144 11448

www.ingramcontent.com/pod-product-compliance
Ingram Content Group UK Ltd.
Pitfield, Milton Keynes, MK11 3LW, UK
UKHW020411180726
13839UKWH00003B/1301